Tucholsky Wagner Zola Scott Sydow Freud Schlegel
Turgenev Wallace Fonatne Friedrich II. von Preußen
Twain Walther von der Vogelweide Fouqué
Weber Freiligrath Frey
Kant Ernst
Fechner Fichte Weiße Rose von Fallersleben Richthofen Frommel
Hölderlin
Engels Fielding Eichendorff Tacitus Dumas
Fehrs Faber Flaubert
Eliasberg Ebner Eschenbach
Feuerbach Maximilian I. von Habsburg Fock Eliot Zweig
Ewald Vergil
Goethe Elisabeth von Österreich London
Mendelssohn Balzac Shakespeare Dostojewski Ganghofer
Lichtenberg Rathenau Doyle Gjellerup
Trackl Stevenson Hambruch
Mommsen Tolstoi Lenz Droste-Hülshoff
Thoma Hanrieder
Dach von Arnim Hägele Hauff Humboldt
Verne
Reuter Rousseau Hagen Hauptmann Gautier
Karrillon Garschin Baudelaire
Damaschke Defoe Hebbel
Descartes Hegel Kussmaul Herder
Wolfram von Eschenbach Schopenhauer Rilke George
Darwin Dickens Grimm Jerome
Bronner Melville Bebel Proust
Campe Horváth Aristoteles
Bismarck Vigny Barlach Voltaire Federer Herodot
Gengenbach Heine
Storm Casanova Tersteegen Grillparzer Georgy
Chamberlain Lessing Gilm
Langbein Gryphius
Brentano Lafontaine
Strachwitz Claudius Schiller Kralik Iffland Sokrates
Schilling
Katharina II. von Rußland Bellamy Raabe Gibbon Tschechow
Gerstäcker
Löns Hesse Hoffmann Gogol Wilde Vulpius
Luther Heym Hofmannsthal Gleim
Klee Hölty Morgenstern
Roth Heyse Klopstock Kleist Goedicke
Luxemburg Puschkin Homer Mörike
Horaz Musil
Machiavelli La Roche
Navarra Aurel Musset Kierkegaard Kraft Kraus
Lamprecht Kind Kirchhoff Hugo Moltke
Nestroy Marie de France
Laotse Ipsen Liebknecht
Nietzsche Nansen
Marx Ringelnatz
von Ossietzky Lassalle Gorki Klett Leibniz
May vom Stein Lawrence Irving
Petalozzi Knigge
Platon Kafka
Sachs Pückler Michelangelo Kock
Poe Liebermann
de Sade Praetorius Mistral Zetkin Korolenko

Der Verlag tredition aus Hamburg veröffentlicht in der Reihe **TREDITION CLASSICS** Werke aus mehr als zwei Jahrtausenden. Diese waren zu einem Großteil vergriffen oder nur noch antiquarisch erhältlich.

Symbolfigur für **TREDITION CLASSICS** ist Johannes Gutenberg (1400 — 1468), der Erfinder des Buchdrucks mit Metalllettern und der Druckerpresse.

Mit der Buchreihe **TREDITION CLASSICS** verfolgt tredition das Ziel, tausende Klassiker der Weltliteratur verschiedener Sprachen wieder als gedruckte Bücher aufzulegen – und das weltweit!

Die Buchreihe dient zur Bewahrung der Literatur und Förderung der Kultur. Sie trägt so dazu bei, dass viele tausend Werke nicht in Vergessenheit geraten.

Der kleine Rosengarten

Volkslieder

Hermann Löns

Impressum

Autor: Hermann Löns
Umschlagkonzept: toepferschumann, Berlin

Verlag: tredition GmbH, Hamburg
ISBN: 978-3-8424-9174-8
Printed in Germany

Hermann Löns

Der kleine Rosengarten

Volkslieder

Auf der Lüneburger Heide

Auf der Lüneburger Heide,

In dem wunderschönen Land

Ging ich auf und ging ich unter

Allerlei am Weg ich fand;

Valleri, vallera,

Und juchheirassa,

Bester Schatz, bester Schatz,

Denn du weißt es weißt es ja.

Brüder, laßt die Gläser klingen,

Denn der Muskatellerwein

Wird vom langen Stehen sauer,

Ausgetrunken muß er sein;

Valleri, vallera,

Und juchheirassa,

Bester Schatz, bester Schatz,

Denn du weißt es weißt es ja.

Und die Bracken und die bellen,
Und die Büchse und die knallt,
Rote Kirsche woll'n wir jagen
In dem grünen, grünen Wald;
Valleri, vallera,
Und juchheirassa,
Bester Schatz, bester Schatz,
Denn du weißt es weißt es ja.

Ei du Hübsche, ei du Feine,
Ei du Bild, wie Milch und Blut,
Uns're Herzen woll'n wir tauschen,
Denn du glaubst nicht, wie das tut;
Valleri, vallera,
Und juchheirassa,
Bester Schatz, bester Schatz,
Denn du weißt es weißt es ja.

Schäferlied

Hier auf dieser braunen Heide,
Wenn ich meine Schafe weide
Ganz mutterseelenallein allein,
Mein Schatz, dann denk ich dein.

Wenn die Lerche lustig singet,
Sich hinauf zum Himmel schwinget,
Ganz mutterseelenallein allein,

Mein Schatz, dann denk ich dein.

Wenn der Tauber ruft sein Weibchen,
Sein geliebtes Turteltäubchen,
Ganz mutterseelenallein allein,
Mein Schatz, dann denk ich dein.

Wenn die Sonne geht hernieder,
Wenn sie morgens kehret wieder,
Ganz mutterseelenallein allein,
Mein Schatz, dann denk ich dein.

Das Fensterlein

Ach ich war den ganzen Tag allein,
Denn mein Liebster konnt nicht bei mir sein,
Aber in der Nacht, aber in der Nacht
Da bin ich aufgewacht,
Denn es klopfte an mein Fensterlein.

Und er sprach: Mein allerliebstes Kind,
Draußen geht ein bitterböser Wind,
Bitte laß mich ein, bitte laß mich ein,
Will auch artig sein,
Und das Lieben ist ja keine Sünd.

Meine Mutter immer zu mir spricht:
Kind, die Männer taugen alle nicht.
Aber wenn sie wüßt, aber wenn sie wüßt,

Wie mein Liebster küßt,

Ach so sagte sie das sicher nicht.

Bin ich auch den ganzen Tag allein,

Kann mein Liebster auch nicht bei mir sein,

Aber heute Nacht, aber heute Nacht

Weiß ich, wer da wacht,

Denn dann klopft es an mein Fensterlein.

Rose im Schnee

Rose weiß, Rose rot,

Wie süß ist doch dein Mund,

Rose rot, Rose weiß,

Dein denk ich alle Stund,

Alle Stund bei Tag und Nacht,

Daß dein Mund mir zugelacht,

Dein roter Mund.

Ein Vogel sang im Lindenbaum,

Ein süßes Lied er sang,

Rose weiß, Rose rot,

Das Herz im Leib mir sprang,

Sprang vor Freude hin und her,

Als ob dein Lachen bei ihm wär,

So süß es klang.

Rose weiß, Rose rot,

Was wird aus mir und dir?

Ich glaube gar, es fiel ein Schnee,

Dein Herz ist nicht bei mir,

Nicht bei mir, geht andern Gang,

Falsches Lied der Vogel sang

Von mir und dir.

Die böse Sieben

Am Wirtshaus an der Straße

Sieben Birkenbäume stehn;

Die sieben grünen Bäume,

Die will ich gar nicht sehn.

Die Sieben, ja die Sieben

Ist eine böse Zahl;

Sieben wunderschöne Mädchen,

Die liebte ich einmal.

Sechs Rosen ohne Dornen

Die waren mein fürwahr;

Die siebte, die ich pflückte,

Voll Dorn und Distel war.

Die siebte von den Sieben

Die Kunst sie wohl verstand;

Sie führt mich zum Altare

Mit ihrer weißen Hand.

Die sieben Birkenbäume,

Die gehen hin und her;

Ade, ihr roten Rosen,

Ich pflücke keine mehr.

Auf der Gartenbank

Ei was mag denn das da sein,

Blink und blank, blink und blank,

Sieht ja aus wie Sonnenschein

Auf der Gartenbank;

Ist ja nicht der Sonnenschein,

Blink und blank, blink und blank,

Wird noch viel was Schön'res sein

Auf der Gartenbank.

Was ist das für'n heller Schall,

Kling und klang, kling und klang,

Ist das wohl die Nachtigall,

Die da eben sang?

Nachtigall, die kann's nicht sein,

Kling und klang, kling und klang,

Singt ja nicht so klar und rein

Bei der Gartenbank.

Will doch schnell mal näher gehn,

Blink und blank, blink und blank,

Und mir das da mal besehn

Auf der Gartenbank;

Nachtigall und Sonnenschein,

Kling und klang, kling und klang,

Sitzt die Herzgeliebte mein

Auf der Gartenbank.

Auf Wiedersehn

Die Schneegans zieht, der Sommer geht,

Das Lieben ist vorbei,

Leb wohl, mein Schatz, vergiß mein nicht,

Ich bleib dir ewig treu;

Vergißmeinnicht, du Blümlein blau,

Blümlein blau im Morgentau,

Du schönstes auf der Au.

Es rauscht der Wind im Birkenlaub,

Rauscht lauter Traurigkeit,

Leb wohl, mein Schatz, die Stunde schlägt,

Schlägt nichts als Herzeleid;

Vergißmeinnicht, du Blümlein blau,

Blümlein blau im Morgentau,

Du schönstes auf der Au.

Die Heide ist so taub und leer,

Verblüht ist ihre Zier

Wenn neu der Maibaum sich begrünt,

Kehr ich zurück zu dir;

Vergißmeinnicht, du Blümlein blau,

Blümlein blau im Morgentau,

Du schönstes auf der Au.

Das beste Wildbret

Nun aber will ich ziehen

Hinaus zum grünen Wald,

Ein Wildbret zu erjagen

Von edeler Gestalt.

Es hat nicht lange Hörner

Und auch kein stolz Geweih,

Es frißt nicht Gras noch Blätter

Und tritt kein Holz entzwei.

Es ist nicht Hirsch, noch Hase,

Und auch kein wildes Schwein,

Und ist mir doch viel lieber

Als eins von diesen drein.

Ich fang's mit keinem Netze,

Ich fang's mit keinem Hund,

Ich schieß es nicht mit Hagel,

Noch mit der Kugel rund.

Denn was ich geh zu jagen,

Das ist ein schlankes Reh,

Und wenn ich es erlege,

Das tut ihm gar nicht weh.

Tausendschönchen

Tausendschönchen in dem Garten

Weiß wie der Schnee, ja der Schnee, der Schnee,

Meinen Liebsten zu erwarten

An dem Gartenzaun ich steh.

Endlich ist er dann gekommen

Rot wie der Klee, ja der Klee, der Klee,

Hat mich in den Arm genommen,

Niemand war in der Näh.

Als er ging, da mußt ich weinen

Weiß wie der Schnee, ja der Schnee, der Schnee,

Keine Sterne seh ich scheinen,

Wohin ich immer auch seh.

Tausendschönchen mich beschämen

Rot wie der Klee, ja der Klee, der Klee,

Weinen muß ich und mich grämen,

Weiß wie der Schnee, ja der Schnee.

Blut um Blut

Es sang und sang ein Vögelein,

Sang von dem Herzgeliebten mein;

Ich mußte weinen, als es sang,

Dieweil es also traurig klang,

So rot wie Blut, so rot wie Blut,

So rot als wie das Blut.

Und als ich in den Wald hinein kam,

Drei Glockenschläge ich vernahm;

Da weinte ich zum andren Mal

Viel bitt're Tränen ohne Zahl,

So rot wie Blut, so rot wie Blut,

So rot als wie das Blut.

Und als ich kam in den kühlen Grund,

Mein Liebster lag auf den Tod verwundt;

Da weinte ich wohl ohne End

Und rang meine schwanenweißen Händ,

So rot wie Blut, so rot wie Blut,

So rot als wie das Blut.

Das Tüchlein das ist schlehenweiß,

Es trank deinen bitt'ren Todesschweiß,

Ich schwenk es nach des Mörders Haus

Und lösche ihm sein Leben aus,

So rot wie Blut, so rot wie Blut,

So rot als wie das Blut.

Das Tüchlein schwenk ich in der Hand,

Davon wird ihm das Herz verbrannt;

Das Tüchlein wehet auf und ab,

Ich grabe ihm das Totengrab,

So rot wie Blut, so rot wie Blut,

So rot als wie das Blut.

Und wo mein Schatz begraben liegt,

Eine weiße Taube zum Himmel fliegt;

Und wo der Mörder fand sein Grab,

Da fliegt ein Rabe auf und ab,

So rot wie Blut, so rot wie Blut,

So rot als wie das Blut.

Husarenlied

Heiß ist die Liebe,

Kalt ist der Schnee, der Schnee;

Scheiden und Meiden

Und das tut weh.

Rote Husaren,

Die reiten niemals, niemals Schritt;

Herzliebes Mädchen

Du kannst nicht mit.

Weiß ist die Feder

An meinem roten, roten Hut;

Schwarz ist das Pulver,

Rot ist das Blut.

Das grüne Gläslein

Zersprang mir in der, in der Hand;

Brüder, ich sterbe

Fürs Vaterland.

Auf meinem Grabe

Soll'n rote Rosen, Rosen steh;

Die roten Rosen

Und die sind schön.

Das Geheimnis

Als ich gestern einsam ging

Auf der grünen, grünen Heid,

Kam ein junger Jäger an,

Trug ein grünes, grünes Kleid;

Ja grün ist die Heide,

Die Heide ist grün,

Aber rot sind die Rosen,

Wenn sie da blühn.

Wo die grünen Tannen stehn,

Ist so weich das grüne Moos,

Und da hat er mich geküßt,

Und ich saß auf seinem Schoß;

Ja grün ist die Heide,

Die Heide ist grün,

Aber rot sind die Rosen,

Wenn sie da blühn.

Als ich dann nach Hause kam,

Hat die Mutter mich gefragt,

Wo ich war die ganze Zeit,

Und ich hab es nicht gesagt;

Ja grün ist die Heide,

Die Heide ist grün,

Aber rot sind die Rosen,

Wenn sie da blühn.

Was die grüne Heide weiß,

Geht die Mutter gar nichts an,

Niemand weiß es außer mir

Und dem grünen Jägersmann;

Ja grün ist die Heide,

Die Heide ist grün,

Aber rot sind die Rosen,

Wenn sie da blühn.

Der Tausch

Du hast mein Herz gefangen

Mit deiner weißen Hand;

Du hast mein Herz bestricket

Mit einem roten Band.

Ich komm zu dir gegangen,

Mein Herz gib wieder her;

Denn da, wo es geschlagen,

Ist alles taub und leer.

Was willst du mit zwei Herzen,
Drum gib zurück es mir;
Und willst du es behalten,
So gib mir deins dafür.

Komm mit

Wenn die Eule ruft im Wald,
Komm mit, komm mit,
Kommt mein Herzgeliebter bald,
Komm mit, komm mit.

Von dem Walde her es klingt,
Komm mit, komm mit,
Steht er da nicht schon und winkt,
Komm mit, komm mit?

Was die Mutter immer spricht,
Komm mit, komm mit,
Glaub ich ihr noch lange nicht,
Komm mit, komm mit.

Eulenruf bedeutet Tod,
Komm mit, komm mit,
Sterb schon fast vor Liebesnot,
Komm mit, komm mit.

Die Trappen

Das Lieben das bringt viele Freud,

Das Lieben das bringt oftmals Leid;

Es fiel ein Schnee verwich'ne Nacht,

Der hat mir Schimpf und Schand gebracht.

Ich kann nicht über die Straße gehn,

Kann niemand ins Gesichte sehn;

Es gehen Trappen aus und ein

Bei meinem Kammerfensterlein.

Jedwedem ist nun offenbar,

Daß heute Nacht wer bei mir war,

Wer bei mir war die ganze Nacht;

Der böse Schnee hat's kund gemacht.

Ich nahm den Besen in die Hand

Und hab ihn hin und hergewandt;

Das Kehren half mir wenig mehr,

Die Nachbarn sahen alle her.

Und hab ich meinen Ehrentag,

Kein Kränzelein ich tragen mag;

Und trage ich ein Kränzelein,

So darf es bloß ein halbes sein.

Irrkraut

Scheidewind weht auf der Heide,

Meidewind weht in dem Moor;

Ich suche und suche die Stelle,

Wo ich mein Herz verlor.

Hier war es, wo ich es verloren,

Es muß doch hier irgendwo sein;

Es liegt hier im Laube und Moose

So mutterseelenallein.

Ich suche und suche und suche

Und suche wohl hin und wohl her;

Ich höre und höre es klopfen,

Und finde es nimmermehr.

Scheidewind flüstert im Laube,

Meidewind flüstert im Gras;

Irrkraut wächst auf der Stelle,

Wo ich mein Herz vergaß.

Auf Feldwache

Ich weiß einen Lindenbaum stehen

In einem tiefen Tal,

Den möchte ich wohl sehen

Nur noch ein einziges Mal;

Ich weiß zwei blaue Augen

Und einen Mund so frisch und rot,

O grüner Klee, o weißer Schnee,
O schöner Soldatentod.

Zu Hause auf den Feldern
Da liegt der Schnee so weiß,
Zu Hause in den Wäldern
Da hängt das blanke Eis;
Hier fällt nicht Schnee noch Regen,
Zu lindern uns're große Not,
O grüner Klee, o weißer Schnee,
O schöner Soldatentod.

So mancher mußte sterben
Allhier in Afrika,
Wir wollen nicht verderben,
Der Tag der ist bald da;
Die Nacht die geht zu Ende,
Der Himmel der wird hell und rot,
O grüner Klee, o weißer Schnee,
O schöner Soldatentod.

Wo sich die Straße wendet
Da wohnt die Liebste mein,
Ist meine Zeit beendet,
So will ich bei ihr sein;
Und kann es nicht so werden,
Und muß ich fort beim Morgenrot,
O grüner Klee, o weißer Schnee,

O schöner Soldatentod.

Die Distel

Du bist als wie ein Distelkraut,

Das sticht den, der es bricht,

Und wer da Blumen pflücken geht,

Die Distel nimmt er nicht.

Was hilft die schönste Blume mir,

Kann sie nicht werden mein,

Was hilft das schönste Mädchen mir,

Schlaf ich des Nachts allein.

Ein Mädchen, das nicht lieben will,

Kein einer nach ihr sieht,

Es steht da wie ein Distelkraut,

Das ungepflückt verblüht.

Ein Mädchen, das kein Lieben kennt,

Das bleibt die Nacht allein,

Die eine Nacht, die andre Nacht,

Im dustren Kämmerlein.

Das bittersüße Lied

In dem Grünebusch, in dem Grünebusch

Singt die Nachtigall die ganze Nacht;

Singt mit lautem Schall, singt mit lautem Schall,

Daß ich davon bin vom Schlaf erwacht.

Singst ja viel zu süß, singst ja viel zu süß,
Nachtigall, vor meinem Kämmerlein;
Singst so bittersüß, singst so bittersüß
Für ein Mädchen, das allein muß sein.

Wenn die Sonne scheint, wenn die Sonne scheint,
Kannst du singen immer-, immerzu;
Aber bei der Nacht, aber bei der Nacht
Raubt dein Lied mir alle meine Ruh.

Der eifersüchtige Jäger

Ein Jäger und das bin ich,
Mein Kleid und das ist grün;
Eh daß die Sonne scheinet,
Muß ich zu Holze ziehn.

Eh daß die Sonne scheinet,
Vor Tau und auch vor Tag;
Es schlafen alle Leute,
Mein Schatz und der ist wach.

Mein Schatz der steht am Fenster
In seinem Hemdelein;
Mit seinen weißen Händen
Da winkt er mir herein.

Hinein kann ich nicht kommen,

Ich gehe auf die Pirsch;
Zu Holze muß ich ziehen,
Da steht ein guter Hirsch.

Und mußt du ziehn zu Hoze
Und lassen mich allein,
So soll ein andrer schlafen
Bei mir im Kämmerlein.

Und schläft bei dir ein andrer,
Ich habe Kraut und Lot;
Und küßt er dich des Abends,
So ist er morgens tot.

Wegewarte

Es steht eine Blume,
Wo der Wind weht den Staub,
Blau ist ihre Blüte,
Aber grau ist ihr Laub.

Ich stand an dem Wege,
Hielt auf meine Hand,
Du hast deine Augen
Von mir abgewandt.

Jetzt stehst du am Wege,
Da wehet der Wind,
Deine Augen, die blauen,

Vom Staub sind sie blind.

Da stehst du und wartest,

Daß ich komme daher,

Wegewarte, Wegewarte,

Du blühst ja nicht mehr.

Das Bickbeernpflücken

Jetzt woll'n wir Bickbeer'n pflücken gehn

In dem grünen, grünen Wald;

Wollen in dem grünen Walde gehn,

Wo die vielen, vielen Bickbeer'n stehn

In dem grünen, grünen Wald.

Das Bickbeerpflücken darf man nicht

In dem grünen, grünen Wald;

Denn der Förster ist ein böser Mann,

Der zeigt die jungen Mädchen an

In dem grünen, grünen Wald.

Der Förster ist bloß halb so schlimm

In dem grünen, grünen Wald;

Denn der Förster ist ein junges Blut,

Der weiß es wohl, wies Lieben tut

In dem grünen, grünen Wald.

Ein alter Förster ist nicht schlimm

In dem grünen, grünen Wald;

Doch wen der junge Förster kriegt,

Der behält sein grünes Kränzlein nicht

In dem grünen, grünen Wald.

Mein Kränzlein hab ich längst nicht mehr

In dem grünen, grünen Wald;

Denn als ich Bickbeeren pflücken tat,

Der Förster mich gefangen hat

In dem grünen, grünen Wald.

Die Funken

Und wenn das Feuer brennt,

Dann fliegen Funken,

Ich hatte einen Stern,

Er ist versunken;

Er ist versunken in der dunklen Nacht,

Und ich muß weinen, weil kein Stern mir lacht.

Das rote Feuer brennt,

Die Funken stieben,

Und dann verlöschen sie,

So wie mein Lieben;

Mein Lieben ist dahin in Nacht und Leid,

Als wie ein Funken in der Dunkelheit.

Das Feuer brennt nicht mehr,

Es ist gestorben,

Ich hatte einen Traum,

Er ist verdorben;

Er ist verdorben und er ist verblüht,

Das Feuer brennt nicht mehr, es ist verglüht.

Der Tauber

Horch, wie der Tauber ruft,

O du, du, du,

Und seine Taube hört

Ihm freundlich zu;

Was wohl der Tauber will,

O du, du, du,

Denk mal darüber nach

Und hör ihm zu.

Horch, wie mein Herze schlägt,

O du, du, du,

Was sagt dein Herze denn

Dazu, dazu?

Was wohl mein Herze will,

O du, du, du,

Denk nicht darüber nach

Und gib ihm Ruh.

Der Tauber ruft nicht mehr,

O du, du, du,

Und seine Taube hört

Ihm nicht mehr zu;

Was wohl die Tauben tun,

O du, du, du,

Wozu sind wir im Mai,

Wozu, wozu?

Aus und vorbei

O bittere Not

Und o Weh und o Weh,

Alle Blumen sind tot

Und begraben im Schnee,

Alle Blätter sind fort,

Sind verwelkt und verdorrt,

Wohin und wohin ich auch seh.

Mein Sommer der starb,

Denn o Weh und o Weh,

Mein Lieben verdarb,

Liegt begraben im Schnee,

Ist verwelkt und verdorrt,

Und der Wind trieb es fort,

Wohin und wohin ich auch seh.

Es kommet der Mai,

Doch o Weh und o Weh,

Meine Zeit ist vorbei,

Ist begraben im Schnee,

Ist verwelkt und verdorrt,

Ist verschwunden und fort,

Wohin und wohin ich auch seh.

Der Traum

Machangel, lieber Machangelbaum,

In Trauern komm ich her;

Ich träumte einen bösen Traum,

Das Herze ist mir schwer.

Mein Myrtenstock trug Blümelein

Als wie das Blut so rot,

Ist krank der Herzgeliebte mein,

Oder ist er am Ende tot?

Dein Herzgeliebter im fernen Land

Ist krank nicht und nicht tot;

Er hat sein Lieben zugewandt

Einem Mägdlein rosenrot.

Einem rosenroten Mägdelein,

Das ist sein ganzes Glück;

Für dich muß er gestorben sein,

Er kehrt nicht mehr zurück.

Und wenn er mir die Treue brach,

So will ich schlafen bei dir;

Wir schlafen bis zum jüngsten Tag,

Deinen Schatten über mir.

Es wird dann blühn auf meinem Grab
Die Blume Vergißnichtmein;
Daß ich ihn nicht vergessen hab,
Soll sie ein Zeichen sein.

Küselwind

Im Schummern, im Schummern
Da kam ich einst zu dir;
Im Schummern, im Schummern
Da standst du an der Tür.

Drei Liljen, drei Liljen
Die blühten hell und klar;
Drei Liljen, drei Liljen,
Dreimal ich bei dir war.

Die Liebe, die Liebe
Die hat so hell geglüht;
Die Liebe, die Liebe
Die ist schon ausgeblüht.

Drei Rosen, drei Rosen
Die blühen heute mir;
Drei Rosen, drei Rosen,
Wer schläft wohl jetzt bei dir?

Der Dragoner

Kling klang und kloria,

Das Lieben das ist aus,

Die Rosse sind gesattelt,

Zum Tore geht's hinaus;

Dragoner, wenn die reiten

Das geht als wie der Wind,

Geht über Stock und Stengel,

Ade, mein allerliebstes Kind.

Blaugelb ist unsre Farbe,

Und blau und das ist treu,

Und gelb das ist die Falschheit,

Wir denken nichts dabei;

Dragoner wenn die lieben

Das geht als wie der Wind,

Geht über Stock und Stengel,

Ade, mein allerliebstes Kind.

Es blasen die Trompeten

Ein Stück, und das ist schön,

Der Feind kommt angeritten,

Wir wollen ihn bestehn;

Dragoner wenn die fechten

Das geht als wie der Wind,

Geht über Stock und Stengel,

Ade, mein allerliebstes Kind.

Eine Kugel kam geflogen,

Sie traf mich viel zu gut,

Die Blumen in dem Rasen

Die sind jetzt rot wie Blut;

Dragoner wenn die sterben

Das geht als wie der Wind,

Geht über Stock und Stengel,

Ade, mein allerliebstes Kind.

Der verwundete Jäger

Auf der Heide bin ich gefahren

Manchen Tag so frank und frei;

Auf der Heide tat ich jagen

Mit Pulver und mit Blei.

Die roten roten Hirsche,

Die roten roten Reh,

Die habe ich geschossen,

Mein Herz das schrie juchhe.

Das Jagen ist zu Ende,

Das Jagen so frank und frei;

Mein Herz ist mir zerschossen

Mit Pulver und mit Blei.

Ein Mägdlein jung von Jahren,

So schlank als wie ein Reh,

Hat mich zu Tod getroffen,

Mein Herz schreit ach und weh.

Schab ab

Jeztz kommt der Sommer in das Land,

Die Birken werden grün,

Ich nehm den Stecken in die Hand,

Von dannen will ich ziehn;

Fahr hin, fahr hin

Mit deinem falschen Sinn.

Ich habe dir mein Herz gebracht,

Mein Herz so treu wie Gold,

Du hast mich dafür ausgelacht

Und hast es nicht gewollt;

Laß sein, laß sein

Und bleib für dich allein.

Schöns Mädchen an dem Gartenzaun,

So schön wie Milch und Blut

Dir will ich jetzt mein Herz vertraun,

Nimm's hin in deine Hut;

Nimm's hin, nimm's hin

In deinen treuen Sinn.

Und wenn wir uns der Liebe freun

Zur schönen Sommerszeit,

Dann bleibt die Stolze ganz allein,

Bis daß es friert und schneit;

Schab ab, schab ab,

Ein andern Schatz ich hab.

Verloren

Rosmarienheide zur Maienzeit blüht,

Rosmarienheide erfreut das Gemüt,

Rosmarienheide ist lieblich und zart,

Rosmarienheide ist eigener Art.

Anna, Marianna, wo bist du, mein Lieb,

Anna, Marianna, der Wind dich vetrieb,

Anna, Marianna, du zogst in die Stadt,

Anna, Marianna vergessen mich hat.

Rosmarienheide blüht wieder im Moor,

Rosmarienheide die Farbe verlor,

Rosmarienheide zum zweiten Mal blüht,

Rosmarienheide erfreut kein Gemüt.

Anna, Marianna, wo bist du, mein Lieb,

Anna, Marianna, der Wind dich vertrieb,

Anna, Marianna, dein Herz das ging tot,

Anna, Marianna, in Kummer und Not.

Kurz ist der Mai

Herzblatt am Lindenbaum,

Du grüner Maientraum,

Es sang die Nachtigall

Ihren süßen Schall;

Sang Liebe, sang Leide,

Sang Freud und sang Leid,

Lang ist das Leben,

Aber kurz die Maienzeit.

Schöne Zeit ist längst vorbei

Welk ist der grüne Mai,

Nachtigall singt nicht mehr,

Der Lindenbaum steht leer;

Aus Liebe ward Leide,

Aus Liebe ward Leid,

Lang ist das Leben,

Aber kurz die Maienzeit.

Will in den Garten gehn,

Wo die letzten Rosen stehn,

Aber o weh, o weh,

Da liegt der Schnee;

Schnee der tut wehe,

Schnee der bringt Leid,

Lang ist das Leben,

Aber kurz die Maienzeit.

Das Irrlicht

Hier und da, hier und da

Geht ein Licht und das ist blau,

Fern und nah, fern und nah

Abends in dem Tau;

Margarete, Margrete,

Du hast die Liebe verschmäht,

Deine arme arme Seele

Nach Liebe suchen geht.

Hin und her, hin und her,

Wo die weißen Rosen stehn,

Kreuz und quer, kreuz und quer

Muß die Flamme gehn;

Margarete, Margrete,

Der Wind und der weht,

Deine arme arme Seele

Nach Liebe suchen geht.

Ohne Rast, ohne Ruh

Geht die Flamme auf und ab,

Immerzu, immerzu

Über ihrem Grab;

Margarete, Margrete,

Nun ist es viel zu spät,

Deine arme arme Seele

Nach Liebe suchen geht.

Still und stumm, still und stumm

Geht die Flamme kalt und blau

Um und um, um und um

Morgens in dem Tau;

Margarete, Margrete,

Der Hahn und der kräht,

Deine arme arme Seele

Nach Liebe suchen geht.

Das Scheiden

Aber dies, aber das,

Und das Wasser ist naß;

Aber das, aber dies,

Und das Lieben ist süß.

Aber dies, aber das,

Und grün ist das Gras;

Und das Gras, das ist grün,

Und die Rosen, die blühn.

Und blühn sie heut rot,

Morgen sind sie schon tot;

Und dann heißt es, ade,

Und es fällt dann der Schnee.

Und der Schnee der ist weiß,

Und das Feuer ist heiß;

Und das Feuer brennt sehr,
Doch das Scheiden noch mehr.

Der Grenadier

Die Trommeln und die Pfeifen
Die haben ein laut Getön,
Mit Trommeln und mit Pfeifen
Da geht's noch mal so schön;
Sind wir nicht die Grenadiere,
Grenadier in Schritt und Tritt,
Wenn die Grenadiere kommen,
Klingen alle Fenster mit.

Du wunderschönes Mädchen
Du sollst die meine sein,
Du wunderschönes Mädchen
Ich denke immer dein;
Wenn die blauen Bohnen fliegen,
Wenn da fließt das rote Blut,
Deiner werde ich gedenken,
Denn ich bin dir gar zu gut.

Mein schönes Turteltäubchen,
Noch eine kurze Zeit,
Mein schönes Turteltäubchen,
Dann halte dich bereit;
Kommt der Mond zum dritten Male

Bin ich wiederum bei dir,
Einen Orden will ich tragen
Als ein tapfrer Grenadier.

Die Trommeln und die Pfeifen
Die haben ein laut Getön,
Mit Trommeln und mit Pfeifen
Da geht's noch mal so schön;
Denn wir sind die Grenadiere,
Grenadiere woll'n wir sein,
Tapfer sind wir vor dem Feinde
Und bei schönen Mägdelein.

Die arme Sünderin

Ein Glöckchen hör ich läuten,
Sobald die Nacht verwich;
Es war das Sünderglöckchen,
Es läutete um dich.

Der Richter sprach das Urteil,
Der Richter brach den Stab;
Der Mönch in schwarzer Kutte
Das Abendmahl dir gab.

Der Henker im roten Mantel
Der schnitt das Haar dir ab;
Und seine sieben Knechte

Die Gruben dir das Grab.

Und alle, die es sahen,

Die haben da gesagt:

Sie hat ein Herz ermordert,

Und das hat sie verklagt.

Der Rosengarten

Ich weiß ein Garten hübsch und fein,

Da blüht ein rotes Röselein;

Und darum ist ein Heckenzaun,

Im Sommer grün, im Winter braun.

Und wer das Röslein brechen will,

Muß kommen stumm, muß kommen still;

Muß kommen bei der dustern Nacht,

Wenn weder Mond noch Sternlein wacht.

Ich wollte meinem Glück vertraun,

Stieg heimlich übern Gartenzaun;

Das rote Röslein war geknickt,

Ein andrer hatte es gepflückt.

Das Gärtchen ist nun kahl und leer,

Das rote Röslein blüht nicht mehr;

Betrübt muß ich von weitem stehn

Und nach dem Rosengarten sehn.

Heckenlind

Und als mein Vater die Mutter freit,
Widdewiddewittbummbummjuchhe,
Da kamen lauter feine Leut,
Widdewiddewitt bummbumm;
Der Kuckuck war der Pfarrer,
Der Pupphahn der Kaplan,
Der Wigelwagel Küster war,
Der orgelt, was er kann.

Und als ich dann geboren ward,
Widdewiddewittbummbummjuchhe,
Die Taufe war von feinster Art,
Widdewiddewitt bummbumm;
Als Pate kam der Igel,
Das Wiesel und die Maus,
Und als es an zu regnen fing,
Da war die Feier aus.

Heut halte ich mein Hochzeitsfest,
Widdewiddewittbummbummjuchhe,
Da kommen lauter feine Gäst,
Widdewiddewitt bummbumm;
Der Fink und auch die Meise,
Die Eule und der Hähr,
Und wenn die Wurst nicht langen will,
Der Bauer hat noch mehr.

Und wird's mit mir zu Ende sein,

Widdewiddewittbummbummjuchhe,

Die Leichenfeier, die wird fein,

Widdewiddewitt bummbumm;

Der Rabe singt die Messe,

Der Dachs das Grab mir macht,

Die Eichkatz auf dem Baume sitzt

Und hat sich schief gelacht.

Erwartung

Unter der Linde

Da ist mein allerliebster Platz,

Da will ich warten

Auf meinen Schatz.

Liljen und Rosen

Die sind so wunderwunderschön

Am Gartentore

Da muß ich stehn.

Die Nachtigallen

Die schlagen immerimmerzu,

Es klopft mein Herze,

Gibt keine Ruh.

Warten, ach warten

Das kann ich nimmernimmermehr,

Nach meinem Schatze
Sehn' ich mich sehr.

Warnung

Du hast gesagt, du willst nicht lieben,
Willst dich um keinen Mann betrüben;
Noch bist du jung, noch blüht der Mai,
Bald ist die schönste Zeit vorbei.

Der Birnbaum blüht nicht bloß aus Freude,
Er blüht nicht nur zur Augenweide;
Kommt seine Zeit, kommt seine Zeit,
Dann ist er voller Süßigkeit.

Drum, schönes Mädchen, laß dich lieben,
Sonst wird sich einst dein Herz betrüben;
Dann bist du alt und bist allein,
Und mußt die schönste Zeit bereun.

Am Brunnen

Was sehen denn die Leute
Mich bloß so eigen an?
Als wüßten sie es alle,
Was keiner wissen kann.

Ich glaube gar, sie lesens
Mir ab von dem Gesicht,

Als ob sie's alle wissen,
Und das dürfen sie doch nicht.

Das Wasser in dem Brunnen,
Das sagt es mir sogleich;
Meine Augen die sind trübe,
Meine Wangen die sind bleich.

Das Wasser in dem Brunnen,
Verschweigt wohl, was es weiß;
So kühl ist ja das Wasser,
Die Reue, die ist heiß.

Die Reue, ja die Reue,
Die brennet gar zu sehr;
Das tiefe tiefe Wasser
Das gibt nichts wieder her.

Der ferne Stern

Am Himmel steht ein heller Stern,
Hell ist der Tag, schwarz ist die Nacht,
Der ist mir nah und ist mir fern,
Liebe hält treuliche Wacht;
Du reines Licht, du klarer Stern,
Fern bist du mir, so fern, so fern,
Da hinten über dem Walde.

Ich weiß ein Herz und das ist mein,

Hell ist der Tag, schwarz ist die Nacht,

Und kann doch nie mein eigen sein,

Liebe hält treuliche Wacht;

Mein ist es und ist doch nicht mein,

So fern ist's wie der helle Schein

Da hinten über dem Walde.

Die Nachtigall voll schmerzen weint,

Hell ist der Tag, schwarz ist die Nacht,

Zwei Herzen bleiben unvereint,

Liebe hält treuliche Wacht;

Zwei Augen weiß ich, rotgeweint,

Und einen Stern, der einsam scheint

Da hinten über dem Walde.

Der eine allein

Wenn alle nach mir sehen,

Bloß du nicht allein,

So lache ich nach allen hin,

Wenn nicht, denn nicht,

Wenn nicht, denn nicht,

Dann läßt und läßt du's sein.

Wenn alle mit mir tanzen,

Bloß du nicht allein,

So tanz ich, was ich tanzen kann,,

Wenn nicht, denn nicht,

Wenn nicht, denn nicht,

Dann läßt und läßt du's sein.

Und woll'n mich alle küssen,

Bloß du nicht allein,

Trotzdem, daß ich die Schönste bin,

Wenn nicht, denn nicht,

Wenn nicht, denn nicht,

Dann laß und laß ich's sein.

Ulaneneinmaleins

Eins, zwei, drei und vier,

Ulanen und die heißen wir;

Ulanen die sind blau und weiß,

Ulanen lieben treu und heiß,

Ja treu und heiß.

Fünf, sechs, sieben und acht,

Ich komme um die Mitternacht;

Klopf leise an das Fenster an,

So daß es niemand hören kann,

Ja hören kann.

Neun, neun, neun und zehn,

Nun muß es wieder weitergehn;

Leb wohl, mein Schatz, gedenke mein,

Ich kann nicht länger bei dir sein,

Ja bei dir sein.

Wer hat dies schöne Lied erdacht?
Ein blauer Ulan hat es gemacht;
Er diente eins, zwei, drei, vier Jahr,
Manch schönes Kind sein Liebchen war,
Ja Liebchen war.

Liebesuche

Ich hab mir einen Kranz gepflückt
Von Rosen rot und weiß;
Ich will mir suchen einen Schatz,
Will sehn, wer einen weiß.

Ich bin schon achtzehn Jahre alt
Und brauche einen Mann;
Ich will den Kuckuck fragen gehn,
Wie fang ich es wohl an.

Der Kuckuck sagt, er weiß es nicht,
Hat selber keine Frau;
So geh ich zu der Nachtigall,
Wenn abends fällt der Tau.

Die Nachtigall, die weiß es nicht,
Ihr Mann ist lange tot;
Drum singt sie lauter Traurigkeit,
Drum singt sie lauter Not.

Der Kuckuck und die Nachtigall,

Die singen ach und weh;

Und ich steh da und bin allein

Im Gras und grünem Klee.

Verschütt

Es stehn drei Birken auf der Heide,

Valleri und vallera,

An denen hab ich meine Freude,

Juppheidi heida;

Die Lerche sang, die Sonne schien,

Da schliefen wir bei Mutter Grün.

Drei Birken sind es und nicht sieben,

Valleri und vallera,

Ein schönes Mädchen tat ich lieben,

Juppheidi heida;

Drei Tage lang auf brauner Heid,

Dann war sie aus die schöne Zeit.

Es kam der Spitzhut angegangen,

Valleri und vallera,

Er hat uns beide eingefangen,

Juppheidi heida;

Zu Celle steht ein festes Haus,

Mit unsrer Liebe ist es aus.

O schönes Mädchen, meine Freude,

Valleri und vallera,

Es stehn drei Birken auf der Heide,

Juppheidi heida;

Doch ihr Gezweig ist kahl und leer,

O Schatz, ich seh dich niemals mehr.

Männertreu

Es ging einmal ein Wind,

Ei, ging einmal ein Wind;

Er ging wohl über Stock und Stein,

Und fand ein blaues Blümelein,

Das bracht er mir geschwind.

Und das heißt Ehrenpreis,

Ei, das heißt Ehrenpreis;

Es blüht nicht für die Ewigkeit,

Es blüht bloß eine kurze Zeit,

Dann ist es welk und weiß.

Es heißt auch Männertreu,

Ei, heißt auch Männertreu;

Mein Schatz, der mich so viel geküßt,

Ich weiß nicht, wo er blieben ist,

Das Lieben ist vorbei.

Der Rosenstock

Mein Rosenstock, mein Rosenstock,

Der blühte immeer rot;

Jetzt trägt er eine Rose

So weiß als wie der Tod.

Was soll es wohl bedeuten

Das Röslein weiß wie Schnee,

Mir ist, als müßt ich weinen,

Wenn ich es blühen seh.

Die Nachtigall im Garten

Sang lauter Seligkeit;

Das Lied, das sie jetzt singet,

Ist nichts als Weh und Leid.

Was soll es wohl bedeuten

Das Lied so trüb und schwer,

Mir ist, als müßt ich weinen,

Wenn ich es singen hör.

Die weißen, weißen Rosen

Bedeuten Angst und Not;

Die trübern, trüben Lieder

Verkünden nichts als Tod.

Den Brief in meinen Händen

Den dreh ich hin und her,

Er hat ein schwarzes Siegel,

Mein Schatz der lebt nicht mehr.

Die freie Pirsch

Auf der Lüneburger Heide
Geht der Wind die kreuz die quer,
Auf der Lüneburger heide
Jag ich hin und jag ich her.

An die hundert grüne Jäger
Werden nicht des Lebens froh,
Denn Paßupp so heißt mein Leithund,
Und mein Schweißhund heißt Wahrtoo.

Wenn die lauten Hunde jagen,
Fährt der Fuchs zum Baue ein,
Und in jedem dritten Dorfe
Ist ein wacker Mädchen mein.

Heute die und morgen jene,
Heut ein Rehbock, dann ein Hirsch,
Rosen blühn in jedem Garten,
Überall ist frei die Pirsch.

Abendlied

Rose Marie, Rose Marie,
Sieben Jahre mein Herz nach dir schrie,
Rose Marie, Rose Marie,
Aber du hörtest es nie.

Jedwede Nacht, jedwede Nacht,

Hat mir im Traume dein Bild zugelacht,

Kam dann der Tag, kam dann der Tag,

Wieder alleine ich lag.

Jetzt bin ich alt, jetzt bin ich alt,

Aber mein Herz ist noch immer nicht kalt,

Schläft wohl schon bald, schläft wohl schon bald,

Doch bis zuletzt es noch hallt:

Rose Marie, Rose Marie,

Sieben Jahre mein Herz nach dir schrie,

Rose Marie, Rose Marie,

Aber du hörtest es nie.

Hohn und Spott

Nun wollen wir singen das neue Lied,

Das Lied von Hott und Hüh;

Wir woll'n es singen die ganze Nacht

Bis morgens in der Früh.

Und als der Kiebitz siebzig war,

Die Lerche tat er frein;

Und wenn er nicht zu Hause war,

Ließ sie den Kuckuck ein.

Man bindet keinen grünen Baum

Mit einem morschen Strick;

Und Alt und Jung als Zweigespann

Hat keinen rechten Schick.

Und wer eine neue Flinte hat,

Und sein Pulver das schießt krumm,

Und wenn der Kiebitz die Lerche freit,

Dann ist er mehr als dumm.

Drum woll'n wir singen das neue Lied,

Das Lied und das ist schön;

Und wer es nicht gut leiden kann,

Muß anderswo hin gehn.

Die Nachtigall

Was ist das für ein süßer Schall,

Was singst du mir, Frau Nachtigall,

Frau Nachtigall?

Ich sing von einer Lilje fein,

Die stehet in dem Garten dein,

Dem Garten dein.

Und steht sie in dem Garten mein,

So soll sie bald gebrochen sein,

Gebrochen sein;

Und wenn sie schon ein andrer brach,

Und brach er sie vor Tau und Tag,

Vor Tau und Tag?

Und kann es nicht die Lilje sein,
So pflück ich mir ein Röselein,
Ein Röselein;
Und kann es nicht die Lilje sein,
Was soll dir dann das Röselein,
Das Röselein?

Frau Nachtigall, Frau Nachtigall,
Was singst du mir so bitt'ren Schall,
So bitt'ren Schall?
Ich sing, wie mir der Schnabel steht,
Ich singe, wie der Wind wohl weht,
Der Wind wohl weht.

Das Wahrzeichen

Die Sommervögel singen
Jetzt über Wald und Feld,
Nun heißt es Abschied nehmen,
Ich fahre in die Welt.

Die Rosen in dem Garten,
Die blühen alle weiß,
Mein Schatz hat sie begossen
Mit Tränen allzuheiß.

Die allzugroße Liebe
Bringt allzugroße Pein,

Ich wäre gern geblieben,

Es sollte nicht so sein.

Ums Jahr, da kehr ich wieder,

Dann blühn die Rosen rot,

Doch sind es lauter weiße,

Mein Schatz, dann bin ich tot.

So oder so

Frei bin ich, ich bin vogelfrei,

Vi va und vogelfrei, ja vogelfrei,

Und alles ist mir einerlei,

I, a und einerlei, ja einerlei;

Ich lache, wenn die Sonne scheint

Und lache, wenn sie's anders meint,

Und denk mir nichts dabei.

Ich liebte einst ein Mägdelein,

Mi, ma und Mägdelein, ja Mägdelein,

Sie sprach, ich sollte bei ihr sein,

Bi, ba und bei ihr sein, ja bei ihr sein;

Doch als ich kam beim Sternenlicht,

Da hatte sie ihr Fenster dicht,

Und ließ mich nicht hinein.

Und ist's die Bauerntochter nicht,

Ti, ta und Tochter nicht, ja Tochter nicht,

Die Magd hat auch ein frisch Gesicht,

Fri, fra und frisch Gesicht, ja frisch Gesicht;

Und schlaf ich nicht im Federbett,

Auf Stroh, da liebt sich's auch ganz nett,

Das schad't mir weiter nicht.

Die schönste Blume

Die Blumen, ja die Blumen,

Die sind so wunderschön,

Aber noch schöner sind Mädchen,

Schöne Mädchen anzusehn.

Schöne Mädchen sind reizend,

Reizend anzusehn,

Aber von allen ist keine,

Wie die eine so schön.

Schön ist sie anzusehen,

Zu küssen noch viel mehr,

Dürfte ich sie nicht küssen,

Würde das Herz mir schwer.

Aber mein Herz ist fröhlich,

Fröhlich ist es sehr,

Denn ich darf sie küssen,

Küssen und noch viel mehr.

Leonore

Als ich, als ich jung an Jahren

Bin gewandert weit und breit,

Hatte ich ein feines Liebchen,

Treu und voller Zärtlichkeit;

Leonore, unser Lieben

Tut die Schlechtigkeit betrüben,

Leonore, schönstes Kind,

Auf der Heide pfeift der Wind.

Als ich, als ich mußte scheiden,

War sie voller Traurigkeit,

Und mir ist das Herz gebrochen,

Vor der Trennung bitt'rem Leid;

Leonore, unser Lieben

Tut die Schechtigkeit betrüben,

Leonore, schönstes Kind,

Auf der Heide pfeift der Wind.

Wo ich, wo ich immer walle,

Sommertags und wenn es schneit,

Dein geliebtes Bild ich sehe,

Halb mit Luft und halb mit Leid;

Leonore, unser Lieben

Tut die Schechtigkeit betrüben,

Leonore, schönstes Kind,

Auf der Heide pfeift der Wind.

Wenn ich, wenn ich einmal sterbe,

Noch zuletzt gedenk' ich dein,

Deinen Namen will ich flüstern

Und im Tode bei dir sein;

Leonore, unser Lieben

Tut die Schechtigkeit betrüben,

Leonore, schönstes Kind,

Auf der Heide pfeift der Wind.

Denn nicht

Der rote, der weiße und der blutrote Klee,

Die Liebe, die Treue und das Herz tut mir weh;

Und mein Herz, das ist traurig,

Und mein Herz, das ist schwer,

Denn die eine, die ich meine,

Und die liebt mich nicht mehr.

Narzissen und Nelken und Veilchen sind schön,

Ich will in die Fremde, die Fremde jetzt gehn;

In der Stadt sind die Mädchen

Noch einmal so schön,

Ich such' mir eine andre

Und lasse dich stehn.

Füsiliere, Grenadiere, Soldat will ich sein,

Zu Köllen am Rheine, da trink' ich den Wein;

Da lieb' ich wohl eine,

Da lieb' ich wohl zwei,
Soldaten sind lustig,
Soldaten sind frei.

Heimliche Liebe

Die schönste Freude, die ich kenne,
Rot Röselein, Vergißnichtmein,
Und die ich keinem Menschen nenne,
Rot Röselein, Vergißnichtmein,
Wir beide wissen's ganz allein,
Verschwiegen soll es sein.

Und wenn die Sonne ist vergangen,
Rot Röselein, Vergißnichtmein,
Die Sterne an dem Himmel prangen,
Rot Röselein, Vergißnichtmein,
Kein Mensch weiß, wo ich kehre ein,
Verschwiegen soll es sein.

Und wenn auch Mond und Sterne schwinden,
Rot Röselein, Vergißnichtmein,
Die Liebe weiß den Weg zu finden,
Rot Röselein, Vergißnichtmein,
Sie braucht nicht Mond noch Sternenschein,
Verschwiege soll es sein.

Die goldene Wiege

Am Heidberg geht ein leises Singen,

Ein leises Singen her und hin,

Da sitzt und wiegt die Goldne Wiege

Die tote Zwergenkönigin.

Frau Königin, Euch will ich's klagen,

Will klagen Euch mein Herzeleid,

Mein Schatz hat treulos mich verraten,

Mein Herz, das weint vor Traurigkeit.

So gib es her, ich will es wiegen,

Bis daß es schläft für immer ein,

Soll in der goldnen Wiege schlafen

Bei meinem toten Kindelein.

Und wiegt Ihr es auch sieben Jahre

Und wiegt Ihr es auch immerzu,

Es hört und hört nicht auf zu weinen,

Es läßt und läßt mir keine Ruh'.

Ich weiß ein tiefes Wasser rauschen,

Es rauscht ein Lied, das keiner kennt,

Das soll mein Herz in Schlummer singen,

Erst dann hat seine Not ein End'.

Im Walde

Der Wind auf der Heide,

Der weiß allerhand,

Im Wind auf der Heide

Ein Jungfräulein stand.

Guten Tag, schöne Jungfer,

Du allerliebstes Kind,

Da draußen auf der Heide,

Da wehet der Wind.

Und der Wind und der wehet,

Und der Wind, der ist kalt,

Was willst du hier frieren,

Komm' mit in den Wald.

Im Wald ist es stille,

Da rührt sich kein Zweig,

Da blühen die Blumen,

Da ruht es sich weich.

Da läßt es sich lieben,

Kein Mensch weiß darum,

Da stehn lauter Bäume,

Die sind still und stumm.

Der sonderbare Vogel

Ich hörte einen Vogel singen

Und nahm mein Mädchen bei der Hand;

Er sang ein wunderschönes Liedchen

Von allerlei und allerhand.

Der Vogel, der flog immer weiter,

Bis da, wo eine Linde stand;

Da sang er noch einmal das Liedchen

Von allerlei und allerhand.

Er flog wohl auf und flog wohl nieder,

Bis er sein Nest im Laube fand;

Und da sang er erst recht das Liedchen

Von allerlei und allerhand.

Mein Mädchen hat ihn eingefangen,

Gefangen ihn mit ihrer Hand;

Doch darum läßt er nicht das Singen

Von allerlei und allerhand.

Der Reitersmann

Es blühen die Rosen,

Die Nachtigall singt,

Mein Herz ist voll Freude,

Vor Freude es springt;

Ein Reiter zu Pferde,

So reit' ich durchs Land,

Für Kaiser und König

Und Vaterland.

Im Wirtshaus am Wege,

Da kehren wir ein,

Und trinken ein Gläslein

Vom goldenen Wein;

Du Hübsche, du Feine,

Komm' setz' dich zu mir,

Ein Ringlein von Golde,

Das schenke ich dir.

Und ist sie geschlagen,

Die blutige Schlacht,

Und haben wir Frieden

Mit Frankreich gemacht,

Dann binde den Schimmel

Ich wieder hier an,

Denn treu ist, ja treu ist

Der Reitersmann.

Das Grab

Es geht ein Licht im Dunkeln,

Anna, Susanna, wie schön bist du!

Das hat einen trüben Schein;

Es fliegt eine weiße Taube,

Anna, Susanna, wo findst du Ruh?

Die weiß nicht aus noch ein.

Es blüht eine Blume im Garten,

Anna, Susanna, wie schön bist du!

Die ist so blaß und bleich;

Es klingt ein Lied im Winde,

Anna, Susanna, wo findst du Ruh?

Das ist an Schmerzen reich.

Es liegt ein Grab an der Mauer,

Anna, Susanna, wie schön bist du!

Das hat nicht Kreuz noch Stein;

Da hört man ein Kindlein weinen,

Anna, Susanna, wo findst du Ruh?

Des Nachts im Mondenschein.

Es rauscht ein tiefes Wasser,

Anna, Susanna, wie schön bist du!

Es rauscht wohl auf und ab;

Es gräbt der Totengräber,

Anna, Susanna, wo findst du Ruh?

An einem neuen Grab.

Absage

Da hinten in der Heide,

Wo der Birkenbaum steht,

Da wartet ein Mädchen,

Ihr Haar und das weht.

Du Hübsche, du Feine,

Was stehst du allein,
Und wenn du keinen Schatz hast,
Ich will es wohl sein.

Einen Schatz und den hab' ich,
Und kommt er nicht her,
Einen Jäger, grünen Jäger,
Will ich nun und nicht mehr.

Ei warum keinen Jäger,
Kein jungjunges Blut,
Denn ein Jäger kennt's Lieben,
Und weiß, wie das tut.

Was soll mir ein Jäger,
Der soll es nicht sein,
Der geht bei Nacht jagen,
Und läßt mich allein.

Der taube Garten

Du lachst, weil ich dich liebe,
Hast deinen Spott mit mir;
Schön bist du von Gesichte,
Doch fehlt das Herze dir.

Darum sind deine Wangen
Als wie der Schnee so weiß;
Und deine blauen Augen

Die sind so kalt wie Eis.

Wenn andre Mädchen lieben,
Dann bist du ganz allein;
Es blühen keine Rosen
In deinem Gärtelein.

Ein Garten ohne Rosen
Macht keinem Menschen Freud';
Ein Mädchen ohne Liebe
Das tut sich selber leid.

Auf der Straße

Wo der Wind weht, der Wind weht,
Da bin ich zu Haus,
Da fahr ich die Straßen
Jahrein und jahraus.

Auf der Straße, der Straße
Ist alles voll Staub,
Da tragen die Bäume
Kein grasgrünes Laub.

Von dem Staube, dem Staube
Da werd' ich nicht satt,
Ich weiß wo der Bauer
Die Wurst hängen hat.

In dem Busche, dem Busche

In Gras und in Kraut

Da leben wir lustig

Als Bräut'gam und Braut.

Denn ein Mädchen, ein Mädchen

Wie Milch und wie Blut

Die fand ich an der Straße,

Und die ist mir gut.

Liebesklage

Weidenbaum, dir will ich's sagen,

Weidenbaum, dir will ich's klagen,

Lieblich ist die Maienzeit,

Doch ich trage Herzeleid.

Weidenbaum, du sollst es hören,

Daß er nie wird wiederkehren,

Schön und lustig ist der Mai,

Doch mein Glück das ist vorbei.

Weidenbaum, du sollst es wissen,

Nie wird er mich wieder küssn,

Wieder kehrt die Maienzeit,

Doch sie bringt mir neues Leid.

Weidenbaum, wenn sie dich fragen,

Weidenbaum, dann sollst du sagen,

Wen betrogen hat der Mai,

Dessen Frühling ist vorbei.

Der Kuckuck

Der Kuckuck schrie die ganze Nacht,

Er hört nicht auf zu schrein;

Er schrie und schrie in einem fort,

Ließ mich nicht schlafen ein.

Du Vogel Kuckuck schweig doch still,

Du bist ja wohl nicht klug;

Was brauchst du bei der Nacht zu schrein,

Am Tag ist Zeit genug.

Wer klopft da mitten in der Nacht

An meinem Fensterlein?

Der Vogel Kuckuck ist's gewiß,

Er will zu mir herein.

Bleib du, wo du zu Hause bist,

Und lasse mich in Ruh;

Du kommst nicht in mein Kämmerlein,

Das Fenster bleibt hübsch zu.

Du hast ja Zeit den ganzen Tag,

Solang die Sonne scheint;

Wer bloß bei Nacht und Nebel kommt,

Der hat's nicht treu gemeint.

Wer bloß bei Nacht und Nebel kommt,

Hat keinen treuen Sinn;

Drum mach' nur, daß du weiter kommst

Zu deiner Kuckuckin.

Beerdigung

Die Maienglöckchen läuten

Mit Totenglockenklang;

Es ist ein Herz gestorben,

Das war so lange krank.

Die Totengräber fliegen

Die ganze Maiennacht,

Sie haben dem roten Herzen

Ein schwarzes Grab gemacht.

In dem Zypressenbaume

Da singt ein Vögelein;

Nun lasset uns aber trinken

Den roten, roten Wein.

Nun lasset uns aber singen,

Zu Ende ist die Not;

Wir haben das Herz begraben,

Das rote Herz ist tot.

Verspruch

Wir sind einander zugesellt

Für alle Ewigkeit,
Uns scheidet nicht die ganze Welt
Mit ihrer Schlechtigkeit.

Der weiß ja nicht, was Lieben ist,
Der an ein Scheiden denkt,
Wenn zweie sich so recht geküßt,
Sich Leib und Seel' geschenkt.

So lieben wir uns immerdar,
Die ganze Sommerszeit,
Und lieben uns das ganze Jahr,
Bis daß es friert und schneit.

Und kommt der Tag, der kein Tag ist,
Und muß ich fort von dir,
Dein Herz doch meiner nicht vergißt,
Es findet sich zu mir.

Denn ob der Schnee zur Erde fällt,
Und blühn die Rosen rot,
Wir sind einander zugesellt
Im Leben und im Tod.

Liebesweh

Ein Vogel hat gesungen,
Er sang in Eis und Schnee,
Das Herz ist mir zersprungen

Vor lauter Liebesweh.

Das hat mit seinem Singen
Das Vögelein vollbracht,
Es hat das heiße Klingen
Das Herz mir krank gemacht.

Zur Schmiede will ich eilen
Mit meiner Not und Qual,
Mein Herz das will ich heilen
Mit Eisen und mit Stahl.

Der Schmied und der soll schlagen
Einen Reifen um mein Herz,
Damit es kann ertragen
Den bittern bittern Schmerz.

Das Herz ist mir zersprungen
Vor lauter Liebesweh,
Ein Vogel hat gesungen
In Eis und auch in Schnee.

Matrosenlied

Heute wollen wir ein Liedlein singen,
Trinken wollen wir den kühlen Wein,
Und die Gläser sollen dazu klingen,
Denn es muß, es muß geschieden sein;
Gib mir deine Hand,

Deine weiße Hand,

Leb wohl, mein Schatz, leb wohl,

Denn wir fahren gegen Engelland.

Unsre Flagge und die wehet auf dem Maste,

Sie verkündet unsres Reiches Macht,

Denn wir wollen es nicht länger leiden,

Daß der Englischmann darüber lacht;

Gib mir deine Hand,

Deine weiße Hand,

Leb wohl, mein Schatz, leb wohl,

Denn wir fahren gegen Engelland.

Kommt die Kunde, daß ich bin gefallen,

Daß ich schlafe in der Meeresflut,

Weine nicht um mich, mein Schatz, und denke,

Für das Vaterland da floß sein Blut;

Gib mir deine Hand,

Deine weiße Hand,

Leb wohl, mein Schatz, leb wohl,

Denn wir fahren gegen Engelland.

Winter

Über die Heide geht mein Gedenken
Annemariee, nach dir, nach dir allein,
Über die Heide möchte ich wandern,
Annemariee, bei dir zu sein.

Über die Heide flogen die Schwalben,

Annemariee, sie grüßten dich von mir,

Über die Heide riefen die Raben,

Annemariee, Antwort von dir.

Über die Heide pfeifen die Winde,

Annemariee, und alles ist voll Schnee,

Über die Heide ging einst mein Lieben,

Annemariee, ade, ade.

Der böse Vogel

Es kommt ein Storch geflogen,

Er fliegt wohl hin und her,

Er sucht sich eine Stelle,

Wo gut zu nisten wär.

Er fliegt wohl auf und nieder,

Er fliegt wohl ein und aus,

Und hebt wohl an zu bauen

Auf meines Liebchens Haus.

Ei, du schwarzweißer Vogel,

Ei, du schwarzweißes Tier,

Warum fliegst du nicht weiter,

Was baust du grade hier?

Ade, ihr Junggesellen

Bei Bier und Branntewein,

Es kam ein Storch geflogen,
Geschieden muß es sein.

Totenblumen

Es blühten Tulpen und Narzissen,
Sie blühten dir, sie blühten mir;
Sie sind verwelkt, sie sind verdorret,
Denn heute muß ich fort von dir.

Der blaue und der weiße Flieder
Der hat verloren seine Zier;
Er wird uns niemals wieder blühen,
Denn heute muß ich fort von dir.

Die roten und die weißen Rosen
Die blühen weder dir noch mir;
Sie müssen ungepflückt verwelken,
Denn heute muß ich fort von dir.

Die Astern und Reseden blühen,
Was hilft es dir, was hilft es mir;
Ein andrer wird sie beide brechen,
Denn heute muß ich fort von dir.

Die allerletzten gelben Blumen,
Die Ringelblumen, pflück' ich mir;
Sie blühen auf dem Grab der Liebe,
Denn heute muß ich fort von dir.

Liebeszauber

Und willst und willst du mich nicht lieben,

O Maienzeit, o Süßigkeit,

Das soll und soll mich nicht betrüben,

O Maienzeit, o Bitterkeit;

Ich weiß das edle Kräutlein blühn,

Habmichlieb, das Kräutlein grün,

Kräutlein grün, Blümlein rot

Hilft bei Liebesnot.

Zur Liebe will ich dich bekehren

O Maienzeit, o Süßigkeit,

Du kannst und kannst es mir nicht wehren,

O Maienzeit, o Bitterkeit;

Ich weiß das edle Kräutlein blühn,

Habmichlieb, das Kräutlein grün,

Kräutlein grün, Blümlein rot

Hilft bei Liebesnot.

Und hab' und hab' ich es gefunden,

O Maienzeit, o Süßigkeit,

So bleibst und bleibst du mir verbunden,

O Maienzeit, o Bitterkeit;

Ich weiß das edle Kräutlein blühn,

Habmichlieb, das Kräutlein grün,

Kräutlein grün, Blümlein rot

Hilft bei Liebesnot.

Das Vogelorakel

Es singt der Vogel Wunderlich

In der grünen Linde;

Ich geh' die Straße auf und ab,

Ob ich eine finde,

Rosenrot ein Mägdelein,

Und das soll mein Liebchen sein,

Das ist keine Sünde.

Was der kleine Vogel singt,

Niemand soll es wissen;

Junge Mädchen, die sind schön,

Eine will ich küssen,

Rosenrot ein Mägdelein,

Und das soll mein Liebchen sein,

Niemand soll es wissen.

Es singt der Vogel Kunterbunt

In einem grünen Hagen;

Wo das schönste Mägdlein ist,

Kann er mir wohl sagen,

Rosenrot ein Mägdelein,

Und das soll mein Liebchen sein,

Das will ich ihn fragen.

Wunderlich und Kunterbunt

Schwingen ihr Gefieder;

Wo das schönste Mädchen ist,

Lassen sie sich nieder,

Rosenrot ein Mägdelein,

Und das soll mein Liebchen sein,

Heut und immer wieder.

Der Jungfernkranz

Und daß ich eine Jungfer bin

Und habe keinen Mann,

Und noch nicht weiß, was Liebe ist,

Das steht mir wenig an.

Was hilft mir denn mein Jungfernkranz,

Hab' ich ihn ganz allein,

Ich trug ihn zwanzig Jahre lang,

Bald wird verwelkt er sein.

Verwelken aber soll es nicht

Vor Sonne und voer Wind,

Ich häng' ihn abends in den Tau,

Bis daß ihn einer find't.

Und wer ihn find't, das sag' ich frei,

Ihn auch behalten kann;

Ich trug ihn zwanzig Jahre lang,

Mir liegt nichts mehr daran.

An die Spröde

Gertrude, weiße Blume,

Was bist du so stolz;

Es wächst kein grünes Blättlein

Am trockenen Holz.

Die Nachtigall singt nicht

In Schnee und Eis;

Die Liebe schmeckt am schönsten,

Wenn niemand es weiß.

Gertrude, weiße Blume,

Der Flieder der blüht;

Die Nachtigall im Walde

Die singet ihr Lied.

Sie singet von Liebe,

Sie singet von Glück;

Die Zeit, die verpaßt ist,

Die kommt nicht zurück.

Gerteude, weiße Blume,

Und kurz ist der Mai;

Was willst du noch warten —

Bald ist es vorbei.

Die treue Blume

Vom Himmel ist ein Stern gefallen,

Der dort so freundlich hat gelacht,

Die schönste Blume mußte welken,

Es fiel ein Reif um Mitternacht;

Nun heißt es scheiden,

Ach ja, und meiden,

Ich muß allein

Und einsam sein.

Ich habe einen Strauß gewunden

Von Rosen und Vergißnichtmein,

Damit mein Schatz in fernen Landen

Gedenken soll in Treuen mein;

Nun heißt es scheiden,

Ach ja, und meiden,

Ich muß allein

Und einsam sein.

Und wenn die Rosen auch verwelken,

Es blühet das Vergißmeinnicht,

Es blüht die Liebe, es blüht die Treue,

Sie blühen, bis das Herze bricht;

Nun heißt es scheiden,

Ach ja, und meiden,

Ich muß allein

Und einsam sein.

Häckerling

Distel, Distel, Wegedorn,

Meinen Schatz hab' ich verlor'n;

Such' die Straße hin und her,

Wo mein Schatz geblieben wär.

Efeu, Efeu, Immergrün,

In die Fremde will ich zieh'n;

Wo kein Mensch mein Herzleid kennt,

Niemand meinen Namen nennt.

Birke, Birke, Maienbaum,

Meine Liebe war ein Traum;

Währte einen Sommer lang,

Ist dahin, wie Glockenklang.

Myrte, Myrte, Jungfernzier,

Was soll deine Blüte mir;

Denn es hat mir Schlechtigkeit

Häckerling vors Haus gestreut.

Hafer, Hafer, Schandenkraut,

Unglück ist mir angetraut;

Wo das tiefe Wasser rinnt,

Meine Seele Ruhe find't.

Der Kürassier

Ich hör' ein Vöglein singen,

Das Vöglein singt zipp uind zapp;

Ich laß den Rappen laufen,

Bald Schritt und auch bald Trab.

Trompeter und die blasen,

Mein Schatz, nun laß das Weinen sein;

Vier Jahre gehn vorüber,

Dann bin ich wieder dein.

Das Fähnlein tut winken,

Wir sind des Kaisers Kürassier;

Ist meine Zeit vorüber,

Kehr' ich zurück zu dir.

Das sind die schweren Reiter,

Die fürchten sich vor keinem Blei;

Ihr Kleid, das ist von Eisen,

Ihr Herz und das ist treu.

Laß traben, laß traben,

Die Welt ist weit, die Welt ist breit;

Die Rosen blühen wieder,

Kommt erst die rechte Zeit.

Der schönste Platz

Wo die weißen Tauben fliegen,

Wohnt mein Schatz und der ist schön;

Wo die weißen Tauben fliegen,
Muß ich immer wieder gehn.

Wo die roten Rosen blühen,
Hab' ich sie zuerst geküßt;
Wo die roten Rosen blühen,
Meine liebste Weide ist.

Wo die grünen Büsche stehen,
Singt ein Vogel dies und das;
Wo die grünen Büsche stehen,
Ist zerdrückt das junge Gras.

Wo die klaren Quellen rauschen,
Liegt ein Rosenkränzelein;
Wo die klaren Quellen rauschen,
Ward das schönste Mädchen mein.

Edelwild

Ich bin ein freier Wildbretschütz
Und hab' ein weit Revier,
So weit die braune Heide geht,
Gehört das Jagen mir.

So weit der blaue Himmel geht,
Gehört mir alle Pirsch
Auf Fuchs und Has' und Haselhuhn,
Auf Rehbock und auf Hirsch.

Jedoch mein liebstes Edelwild
Im ganzen Jagdrevier
Das ist nicht Hirsch, das ist nicht Reh,
Das ist kein Jagdgetier.

Es ist ein frisches Mägdelein,
Auf das ich lieber pirsch,
Viel lieber als auf Has' und Fuchs,
Auf Rehbock und auf Hirsch.

Und daß es einem andern hört,
Macht keine Sorge mir,
Ich bin ein freier Wildbretschütz
Und hab' ein weit Revier.

Das einsame Mädchen

Ich stehe auf der Heide
Ich bin so ganz allein;
Ein Schätzchen möcht' ich haben,
Und mich der Liebe freun.

Jedweder kleine Vogel
Der liebt so viel er mag;
Doch ich muß einsam bleiben
Bei Nacht und auch bei Tag.

Ein Reitersmann zu Pferde
Das soll mein Liebster sein;

Er soll den Schlüssel haben
Zu meinem Gärtelein.

Die Rosen soll er brechen,
So viel und viel er mag;
Es wachsen wieder neue
In meinem Gartenhag.

Gold und Silber

Ach Sonne, liebe Sonne,
Was hast du in dem Sinn?
Ich stehe an dem Fenster
Und weine vor mich hin.

Ein Ringelein von Silber,
Das gab er mir zum Pfand;
Ein Ring von rotem Golde
Den trag ich an der Hand.

Der Myrtenstock am Fenster
Der dauert mich so sehr;
Seine Zweige sind gefallen,
Nun ist er kahl und leer.

Der eine kriegt das Silber,
Das Gold der andre hat;
Wenn alle Leute schlafen,
Dann komm und küss' dich satt.

Die grünen Myrtenzweige,

Die sind das allerbest;

Du sollst das Kränzlein haben,

Der andre kriegt den Rest.

Der schöne Fisch

Ich sehe ein Wasser blinken,

Das Wasser das ist frisch;

Ich sehe etwas schimmern,

Das ist fürwahr kein Fisch.

Ein Fisch hat keine Haare

Und nicht zwei Arme rund;

Hat keine blauen Augen

Und keinen roten Mund.

Ich will das Fischlein fangen

Mit einem Haselstock;

Was seh' ich in dem Grase,

Ein Hemdlein und ein Rock?

Das Hemdlein sollst du haben,

Den Rock behalt ich hier;

Und soll ich ihn dir geben,

Was schenkst du mir dafür?

Die Verehrung

Ich ging im grünen Walde
Und hielt mein Herz in der Hand;
Da hab' ich es verloren,
Bis es ein Jäger fand.

Er gab es mir nicht wieder,
Er sprach, es wäre sein;
Ich sollt' ihm auch noch geben
Mein Jungfernkränzelein.

Und hast du schon das Herze,
So nimm dir auch den Kranz;
Nimm aber nicht den halben,
Nimm ihn gleich lieber ganz.

Nun habe ich kein Herze
Und auch kein Kränzlein mehr;
Ich stehe bei der Wiege,
Die gehet hin und her.

Und will sie stille stehen,
Dann stoße ich sie an;
Sonst weint, was mir verehrte
Der grüne Jägersmann.

Die Raben

Es stand ein Stern am Himmel,
Der hatte ein böses Gesicht;

Sieben Vögel kamen geflogen,
Die flogen zum Hochgericht.

Es waren nicht sieben Tauben,
Sieben Raben mußten es sein;
Sie sind um das Rad geflogen
Und huben an zu schrein.

Der erste nahm die Augen,
Der zweite das Herz sich nahm;
Der dritte aber den Finger
Mit dem goldnen Ringe bekam.

Und was die andren sich nahmen,
Das weiß bloß Gott allein;
Mein Schatz, der ist gegangen
Um mich zum Himmel ein.

Der goldene Hahn

Ich hatte einen schönen Traum
Von einem grünen Buchenbaum;
Der Traum, der war so lang und breit,
Wie eine kleine Ewigkeit.

Ich ging allein im grünen Wald,
Viel Brommelbeeren fand ich bald;
Ich hab' mich auf und ab gebückt,
Die Brommelbeeren abgepflückt.

Mein Herz auf einmal stille stand,

Das Körblein fiel mir aus der Hand;

Ich hörte singen den gold'nen Hahn,

Der kündet junges Sterben an.

Was fang' ich an in meiner Not?

Ich höre meinen eig'nen Tod;

Wer den gold'nen Hahn hört ganz allein,

Sein Grab wird bald gegraben sein.

Du junges, junges Jägerblut,

Nimm mich in deine treue Hut;

Die Brommelbeeren im Körbelein,

Die soll'n dir nicht verwehret sein.

Die Brommelbeeren will ich nicht,

Du allerliebstes Angesicht;

Will küssen deinen roten Mund

Im grünen Wald eine Viertelstund'.

Eine Viertelstund' ist nicht lang noch breit,

Es ist ja keine Ewigkeit;

Küß ihn ein Stündlein oder zwei,

Und wenn du willst, noch lieber drei.

Da stand ein grüner Buchenbaum,

Da hatt' ich einen schönen Traum;

Drei Stündlein lang, drei Stündlein breit;

Und durch und durch voll Süßigkeit.

Im grünen Wald der goldne Hahn,

Der singt und singt, soviel er kann;

Sing' du nur hin, sing' du nur her,

Ich fürchte mich kein bißchen mehr.

Der Stromer

Hier auf der Heide,

Da fuhr ich auf und auf und ab;

Schritt lief ich im Sommer,

Wintertags Trab.

Heiß ist der Sommer,

Kalt ist der Winterwinterwind,

Warm ist das Lieben

Beim schönsten Kind.

Hinter der Hecke,

Da ist ein guter guter Platz;

Da will ich träumen

Von meinem Schatz.

Die, die ich meine,

Die lebt wohl längst, ja längst nicht mehr;

Die Rosenbüsche

Sind kahl und leer.

Hinter der Hecke,

Da ist der Schnee, der Schnee so weich;

Bleib' ich da liegen,
Mir ist es gleich.

Tragen zwei Engel
Mich auf zur Himmelshimmelshöh';
Mein feines Liebchen
Ich wieder seh'.

Ein Lilienstengel
Trägt sie in ihrer, ihrer Hand;
Ein Liljenstengel
Mit goldnem Band.

Das stille Wasser

Solang' die liebe Sonne lacht
Mit ihrem goldnen Schein,
Da muß ich meine Arbeit tun,
Muß fromm und fleißig sein.

Die Augen schlag' ich unter mich
Und sehe niemand an,
Als ob ich nichts von Liebe weiß
Und davon reden kann.

Doch davon reden tu ich nicht,
Ich schweige immer still,
Und sehe, ob das Sonnenlicht
Nicht bald verschwinden will.

Doch wenn der Mond am Himmel steht,

Es schlafen alle Leut',

Dann will ich mich der Liebe freun

In aller Heimlichkeit.

Und scheint die Sonne wiederum

So hell und auch so heiß,

Stell' ich mich vor den Leuten an,

Als ob von nichts ich weiß.

Allwundheil

Irgendwo und irgendwo,

Schweig' still, schweig' still,

Blüht die Blume Lichterloh,

Schweig' still, schweig' still;

Blüht die Blume Feuerrot,

Die da hilft bei Liebesnot,

Die rote Blume,

Blume Herzenstrost.

Irgendwie und irgendwie,

Schweig' still, schweig' still,

Find' ich sie und find' ich sie,

Schweig' still, schweig' still;

Hilfst du mir, schöns Mägdelein,

Soll sie bald gefunden sein,

Die rote Blume,

Blume Herzenstrost.

Irgendwann und irgendwann,
Schweig' still, schweig' still,
Man die Blume pflücken kann,
Schweig' still, schweig' still;
Gehn zu zwein wir in den Wald,
Finden wir die Blume bald,
Die rote Blume,
Blume Herzenstrost.

Irgendwas und irgendwas,
Schweig' still, schweig' still,
Hat zerdrückt das grüne Gras,
Schweig' still, schweig' still;
Wer die rote Blume bricht,
Schont des grünen Grases nicht,
Die rote Blume,
Blume Herzenstrost.

Die Schönste Jagd

Mein Schatz, das ist ein freier Schütz
Wohl auf der braunen Heid',
Er schießt die Hirsche und die Reh',
Dann das ist seine Freud';
Ja das Schießen, das lernt sich,
Wenn man fleißig es übt,

Auf Hirsche und Hasen

Und was es sonst wohl noch gibt.

Und wenn die Nacht ganz dunkel ist,

Der Mond gibt keinen Schein,

Dann klopft es dreimal leise an

Bei meinem Fensterlein;

Ja das Schießen, das lernt sich,

Wenn man fleißig es übt,

Auf Hirsche und Hasen

Und was es sonst wohl noch gibt.

Ich weiß wohl, wer da draußen steht,

Er trägt ein grünes Kleid,

Er schießt die Hirsche und die Reh',

Denn das ist seine Freud';

Ja das Schießen, das lernt sich,

Wenn man fleißig es übt,

Auf Hirsche und Hasen

Und was es sonst wohl noch gibt.

Und geht der Wind wohl hin und her,

Und trifft er wenig an,

Dann sucht mein Schatz ein andres Wild,

Auf das er jagen kann;

Ja das Schießen, das lernt sich,

Wenn man fleißig es übt,

Auf Hirsche und Hasen

Und was es sonst wohl noch gibt.

Der treue Kanonier

Zu Hannover an der Leine
Stand ich als Kanonier;
Du allerschönste Rosa,
Jetzt muß ich fort von dir.

Auf der Lüneburger Heide,
Da geht der Staub so dicht;
Du allerschönste Rosa,
Ich vergesse dich nicht.

Zu Munster in dem Lager,
Da lebt es sich so frei;
Du allerschönste Rosa,
Ich bleib' dir immer treu.

Zu Celle an der Aller,
Da lag ich im Quartier;
Du allerschönste Rosa,
Mein Herz, das ist bei dir.

Zu Hildesheim im Biwack,
Da war so kalt die Nacht;
Du allerschönste Rosa,
Dein hab' ich stets gedacht.

Und morgen, da heißt es,

Da heißt's geschieden sein;

Du allerschönste Rosa,

Mein Herz bleibt ewig dein.

Mai

Grün ist der Wald, rot ist der Bock,

Drum zieh' ich an den grünen Rock,

Setz' auf den grünen Hut;

Ich weiß einen Bock im Holze steh,

Auf den will ich heute pirschen gehn.

Denn sein Gehörn ist gut.

Halli, was ist mein Messer rot,

Hallo, der gute Bock ist tot,

Ein Bruch am Hut mir steckt;

Nun klingt mein Horn im grünen Wald,

Daß es so laut, so lustig schallt,

Ich hab' den Bock gestreckt.

Und wenn die Sonne schlafen geht,

Und wenn der Mond am Himmel steht,

Kehr' ich bei Meiner ein;

Sie lauert schon die dritte Nacht,

Dieweil den Bock ich ausgemacht,

Auf wird ihr Fenster sein.

Wilde Rosen

Die Rosen in dem Garten

Sind reizend anzusehn;

Die wilden Heckenrosen

Sind noch einmal so schön.

Am Tage auf der Straße

Siehst du nicht nach mir hin;

Es braucht kein Mensch zu wissen,

Daß ich dein Liebster bin.

Der Tag, der ist vergangen,

Die Nacht, die bricht herein;

Im allerletzter Hause,

Da ist ein heller Schein.

Ich lasse die Eule rufen,

Das Licht geht hin und her;

Das Fenster, das ist dunkel,

Die Eule ruft nicht mehr.

Das Lieben vor allen Leuten

Macht nicht so viele Freud';

Als wenn man bricht die Rosen

In aller Heimlichkeit.

Verraten

Zu Lüneburg auf dem Kalkberg

Da trug ich das Schandenkleid;

Zu Lüneburg schob ich den Karren

In Kummer und Herzeleid.

Ich schob ihn sieben Jahre,

Der Karren und der war schwer;

Die Ketten an meinen Füßen

Die drückten mich allzusehr.

Und als ich kam wieder nach hause,

Da wandtest du ab dein Gesicht;

Um dich kam ich in Schande,

Du aber kennst mich nicht.

Es wurden meine Hände

Um dich von Blute rot;

Um dich schob ich den Karren

In Kummer und in Not.

So fahre denn hin, du Falsche,

Es soll mich nicht gereun;

Zu Lüneburg auf dem Kalkberg

Da wird mein Ende sein.

Die Strafe

Ich ging einmal zur Maienzeit
Durch einen grünen Wald,

Begegnet mir ein Jungfräulein
Von reizender Gestalt;
Sie war so jung
So jung und wunderschön,
Ich mußte sie
Ja mußte sie ansehn.

Der Kuckuck rief bald hier bald da,
Es sang die Nachtigall,
In jedem grünen Baume war
Ein lauter Vogelschall;
Das Jungfräulein
Das sah mich liebreich an,
So daß sie gleich
Mein ganzes Herz gewann.

Maiblumen banden wir zum Strauß,
Die dufteten so süß,
Wir liebten uns, wir küßten uns,
Als wie im Paradies;
Das grüne Gras,
Das lud zum Sitzen ein,
Da saß ich bei
Dem schönen Jungfräulein.

Wir liebten uns den ganzen Mai
In aller Heimlichkeit,
Wir liebten uns die Sommerszeit,

Da war es uns gereut;

Es flog ein Storch,

Doch flog er nicht vorbei,

Man liebt, ja liebt

Nicht ungestraft im Mai.

Trost

In der Hagebuchenlaube

An des Flusses grünem Rand

Saß ich bei der Vielgeliebten,

Herz an Herz und Hand in Hand.

Da gelobten wir uns Treue,

Ew'ge Treue bis ans Grab,

Einen Ring von rotem Golde

Sie als Unterpfand mir gab.

In der Hagebuchenlaube

Sitzt ein andrer jetzt bei ihr,

Von der Liebe und der Treue

Blieb das rote Ringlein mir.

Und ich werf es in das Wasser,

Und ich seh', wie es versinkt,

Meine Liebe mit dem Ringe

In der tiefen Flut ertrinkt.

Und das Wasser das zieht Kreise,

Und dann ist es wieder still,

Gerne gönn' ich einem andern,

Was ich selber nicht mehr will.

Das Vergißmeinnicht

Es ging eine Jungfrau zart und fein,

Eia popeia, schlaf ein mein Kind,

Die ging am Bache ganz allein,

Suse la suse, es weht der Wind;

Wollte pflücken die Vergißmeinnicht,

Vergißmeinnicht verwelken nicht,

Und wenn man sie auch bricht.

Schönes Mädchen, du gefallest mir,

Eia popeia, schlaf ein mein Kind,

Vergißmeinnicht die suchen wir,

Suse la suse, es weht der Wind;

Wollen pflücken die Vergißmeinnicht,

Vergißmeinnicht verwelken nicht,

Und wenn man sie auch bricht.

Eh daß vergangen war der Tau,

Eia popeia, schlaf ein mein Kind,

Da war gepflückt das Blümlein blau,

Suse la suse, es weht der Wind;

Gepflückt war das Vergißmeinnicht,

Vergißmeinnicht verwelken nicht,

Und wenn man sie auch bricht.

Nun hab' ich mein Vergißnichtmein,
Eia popeia, schlaf ein mein Kind,
Es schreit und will nicht stille sein,
Suse la suse, es weht der Wind;
Ich hab' gepflückt Vergißmeinnicht,
Vergißmeinnicht verwelken nicht,
Und wenn man sie auch bricht.

Die Nonne

Viel hundert weiße Liljen
Im Klostergarten stehn;
Die roten, roten Rosen
Sind noch einmal so schön.

Die roten, roten Rosen,
Die darf ich gar nicht ziehn;
Im Klostergarten dürfen
Bloß weiße Liljen blühn.

Drei rote Rosen fallen
Vor meine Füße hin;
Es fließen meine Tränen,
Daß ich eine Nonne bin.

Ach Reiter, junger Reiter,
Behalt die Rosen dein;

Mir blühen bloß die Liljen,
Doch nicht die Röselein.

Verbotene Liebe

Weißt du wohl, als wie wir sind,
Wie das Kornfeld und der Wind,
Wie der Sturm und das wilde Meer,
Das da wallet hin und her;
Aug' zu Auge zärtlich spricht,
Aber uns lieben, das dürfen wir nicht.

Wenn die Sonne geht zur Ruh,
Denk ich dein und mein denkst du,
Und bei Mond und Sternenschein
Denk ich dein und du denkst mein;
Herz zu Herzen zärtlich spricht,
Aber uns lieben, das dürfen wir nicht.

Gestern um die Mitternacht
Bin ich weinend aufgewacht,
Denn mein allerschönster Traum
War dahin, wie Wellenschaum;
Mund zu Mund im Traume spricht,
Aber uns lieben, das dürfen wir nicht.

Der gefährliche Jägersmann

Der Fuchs der hat die Enten lieb
Und holt sie, wo er kann;
Jedoch die jungen Mägdelein,
Die liebt der Jägersmann.

Er liebt sie in dem grünen Wald
Und auf der braunen Heid;
Er liebt sie um die Mitternacht
Und um die Abendzeit.

Er liebt sie auch am hellen Tag,
Er liebt sie heiß und treu;
Er liebt nicht eine ganz allein,
Er liebt auch zwei und drei.

Die eine liebt er offenbar,
Auch wenn er sie nicht freit;
Die andre liebt er bei der Nacht
In aller Heimlichkeit.

Und geht ein Mädchen in den Wald,
Und ist es ganz allein,
Und trifft sie dort den Jäger an,
Sein eigen muß sie sein.

Vorspuk

Es weiden meine Schafe
Um den Machangelbaum;

Mir hat die Nacht geträumet
Ein wunderlicher Traum.

Feinsliebchen kam gegangen,
Schlohweiß war ihr Gewand;
Sie winkte mir zu kommen
Mit ihrer weißen Hand.

Sie hat zu mir gesprochen,
Ich sollte bei ihr sein,
Wenn alle Leute schlafen,
Im dustern Kämmerlein.

Was soll der Traum bedeuten,
Der Traum halb weiß, halb rot;
Feinsliebchen tat mich rufen,
Und ist schon lange tot.

Die Entführung

Auf der Masch bin ich geboren
Zu Celle, der wunderschönen Stadt;
Vom Himmel bin ich gefallen,
Einen Vater ich niemals hatt'.

Was brauche ich denn einen Vater,
Hab' ich eine liebe Mutter nur;
Wo sie blieb, das weiß der Himmel,
Denn sie kam auf die Bettelfuhr'.

Was brauche ich denn eine Mutter,
Ist mein lieber Schatz mir hold und treu;
Wo er blieb, das weiß der Himmel
Und die hohe Polizei.

Und ich suche hin und wieder,
Such' ihn dort und such' ihn hier;
Und ich werde ihn nicht finden,
Denn er sitzt in Himmelstür.

Himmelstür hat feste Mauern
Und es hat ein Eisentor;
Und ich stehe da und weine,
Weil ich meinen Schatz verlor.

Und die Nacht ist kühl und dunkel
Und mein Schatz weiß Hausgelegenheit;
Morgen früh, wenn sie uns suchen,
Sind wir längst, wer weiß wie weit.

Tanzlied

Der Kuckuck und der Piedewitt
Das sind zwei lust'ge Brüder,
Die fliegen immer auf und ab,
Und lassen sich nicht nieder;
Piedewiedewittwittwitt,
Meinen Schatz den bin ich quitt,

Nun muß ich gehn und wandern
Und suchen einen andern.

Die Fiedel und der Brummelbaß
Die hör' ich voller Freude,
Zum Tanze will ich morgen gehn
In meinem weißen Kleide;
Piedewiedewittwittwitt,
Meinen Schatz den bin ich quitt,
Nun muß ich gehn und wandern
Und suchen einen andern.

Rotröslein und Vergißmeinnicht
Das sind zwei schöne Gaben,
Ein Junggeselle hübsch und fein
Der soll sie beide haben;
Piedewiedewittwittwitt,
Meinen Schatz den bin ich quitt,
Nun muß ich gehn und wandern
Und suchen einen andern.

Der Kuckuck und der Piedewitt
Das sind zwei lust'ge Brüder,
Und hab' ich meinen Schatz verlor'n,
Ich krieg' schon einen wieder;
Piedewiedewittwittwitt,
Meinen Schatz den bin ich quitt,
Nun muß ich gehn und wandern

Und suchen einen andern.

Der Spuk

Ach Schwester, liebe Schwester,

Es ist gewißlich wahr,

Es spukt in deiner Kammer,

Ich hörte es ganz klar.

Ach Schwester, liebe Schwester,

Das war im Stroh die Maus,

Wir woll'n den Besen nehmen

Und jagen sie hinaus.

Ach Schwester, liebe Schwester,

Die Maus die war es nicht,

Es trug ja einen Schnurrbart

In seinem Angesicht.

Ach Schwester, liebe Schwester,

Der Kater wird es sein,

Wir woll'n die Tür verriegeln,

Dann kann er nicht herein.

Ach Schwester, liebe Schwester,

Es war kein Katertier,

Es kam ja durch das Fenster

Und flüsterte mit dir.

Ach Schwester, liebe Schwester,

Laß doch das Fragen sein,
Es spukt vielleicht auch nächstens
In deinem Kämmerlein.

Verwünschung

Du hast mir meinen Schatz genommen,
So jung und schlank, so jung und schlank,
Dafür soll Unglück auf dich kommen,
So breit wie lang, so breit wie lang;
Was da lebt in Feuersflamm',
Was da klebt am Birkenstamm,
Was die Kröte trägt im Leib,
Wünsch' ich dir, du schlechtes Weib.

Zwei Herzen die hast du geschieden,
So jung und schlank, so jung und schlank,
Ich nehme dir dafür den Frieden,
So breit wie lang, so breit wie lang;
Was am Kreuzweg geht und steht,
Was am Galgen winkt und weht,
Was die Hexe kocht und braut,
Sei dir alles angetraut.

So lange meine Tränen fließen,
So jung und schlank, so jung und schlank,
Sollst du's an Leib und Seele büßen,
So breit wie lang, so breit wie lang;

Was ich rief um Mitternacht,

Was zum Kirchhof ich gebracht,

Was ich grub in Mulm und Moos,

Wirst du nun und nimmer los.

Der Abschiedsstrauß

Roter Klee, weißer Klee,

Mir tut das Herz vor Liebe weh;

Schön's Mägdelein,

Fein's Liebchen mein,

Dieweil ich von dir geh'.

Vergißmeinnicht, du edle Zier,

Ich reise fort und du bleibst hier;

Schön's Mägdelein,

Fein's Liebchen mein,

Keine schön're gibt's nach dir.

Weiße Liljen die sind schön,

Nun muß ich in die Fremde gehn;

Schön's Mägdelein,

Fein's Liebchen mein,

Und kann dich nicht mehr sehn.

Die Rosenblüten sind verweht,

Der Morgenstern am Himmel steht;

Schön's Mägdelein,

Fein's Liebchen mein,
Wer weiß, wie's uns noch geht.

Das Hederitt

Die Finken und die schlagen,
Die Bäume werden grün,
Her Meister und Frau Meisterin,
Von dannen muß ich ziehn;
Denn jetzt singen wir das Hederitt,
Das Hederitt juchhei,
Und wenn der Sommer endet,
Dann wird die Liebe neu.

Die Buttervögel fliegen,
Die Spatzen tragen ein,
Leb' wohl du Mädchen voller Zier,
Es muß geschieden sein;
Und jetzt singen wir das Hederitt,
Das Hederitt juchhei,
Und wenn der Sommer endet,
Dann wird die Liebe neu.

Die Osterblumen blühen
Und das Vergißmeinnicht,
Ich denke deiner immerdar,
Du holdes Angesicht;
Doch jetzt singen wir das Hederitt,

Das Hederitt juchhei,
Und wenn der Sommer endet,
Dann wird die Liebe neu.

Das Buchenblatt

Nun hat es sich gewendet
Das grüne Buchenblatt,
Nun hat es sich geendet,
Was mich erfreuet hat.

Die Rose hat verloren
Die roten Blüten all,
Was du mir hast geschworen,
Es war ein leerer Schall.

Das Blatt am Buchenbaume
Gibt keinen Schatten mehr,
Dem allerschönsten Traume
Blüht keine Wiederkehr.

Das Kuckuckslied

Ich werf' meine Schuhe hinter mich
So weit es eben geht;
Kuckuck, Kuckuck, sage mir,
Wohin der Wind mich weht?

Der Wind der weht wohl her und hin,

Der Wind hat keinen Schick;
Der Wind der weht wohl kreuz und quer,
Weht dich durch dünn und dick.

Und weht er mich durch dünn und dick,
Das ist mir einerlei;
Die beste Zeit die ist dahin,
Zum Teufel ist mein Mai.

Und ist dein Mai zum Teufel hin,
Jedwedes Jahr es mait;
Such' dir nur einen frischen Schatz,
Es ist noch immer Zeit.

Was hilft mir denn ein frischer Schatz,
Hab' ja kein eigen Nest;
Der Wind der hat es fortgeweht
Bis auf den letzten Rest.

Was brauchst du denn ein eigen Nest,
Es geht auch ohne das;
Lieb' du nur wie der Kuckuck liebt,
In Laub und grünem Gras.

Die Nachtigall

Ich mag nicht mehr mein Federbett,
Geh' gar nicht gern hinein;
Ich schlaf' die ganzen Nacht nicht mehr,

Kannst du nicht bei mir sein.
Nachtigall, Nachtigall, laß dein Singen sein,
Nachtigall, Nachtigall, ich bin ja so allein;
Hör' auf mit deinem Schall,
Du Nachtigall.

Die Nacht ist mir noch mal so lang,
Hab' ich dich nicht im Arm;
Mein Bett ist hart, mein Bett ist kalt,
Einst war es weich und warm.
Nachtigall, Nachtigall, laß dein Singen sein,
Nachtigall, Nachtigall, ich bin ja so allein;
Hör' auf mit deinem Schall,
Du Nachtigall.

Die Nacht ist aus, der Tag beginnt,
Ich bin so matt und müd;
Du Nachtigall bist schuld daran
Mit deinem bösen Lied.
Nachtigall, Nachtigall, laß dein Singen sein,
Nachtigall, Nachtigall, ich bin ja so allein;
Hör' auf mit deinem Schall,
Du Nachtigall.

Junggesellenlied

Fischen, Jagen und Vogelstellen
Das hält jung die Junggesellen;

Junggesellen die wollen wir sein
Bei Bier und kühligem Wein.

Fisch und Vöglein fangen wir
In dem blauen und grünen Revier;
Dazu manch Wildbret zart und fein,
Junggesellen wollen wir sein.

Das Gläslein geht reihum, reihum,
Wer nicht singt, der bleibet stumm
Und schweiget fein, ja fein;
Junggesellen wollen wir sein.

Ist man erst ein Ehemanm,
Gibt mans Fischen und Jagen dran,
Läßts Vögleinstellen sein;
Junggesellen wollen wir sein.

Küssekraut

In den grünen Wald bin ich gegangen,
Wo das Rotkehlchen sang,
Ein Stündlein, kleines Stündlein,
Auch zwei dreie lang.

Unterm Liebholz hab' ich gesessen,
Habe Küssekraut gepflückt;
Hat mein Liebster, Allerliebster
An das Herz mich gedrückt.

Und er hat mich liebkoset,

Mit Mund und mit Hand;

Sang ein Vöglein, kleines Vöglein

Und das Lied ich verstand.

Und das Lied hat geheißen,

Und das Lied und das hieß;

Ach die Liebe, süße Liebe

Und die schmeckt ja so süß.

Will jetzt Küssekraut pflücken

Bei Tag und bei Nacht;

Denn zum Küssen, ach Küssen

Sind wir Mädchen gemacht.

Verschwiegenheit

Nicht weit von hier, wo sieben Linden winken

Ein Wirtshaus, an der Heeresstraße steht;

Kein Junggeselle, der des Weges kommet,

An dieser Stätte gern vorübergeht.

Denn eine Wirtin jung und schön von Mienen

Steht in der Tür und sieht ihn freundlich an;

Der holden Äuglein Blick zu widerstehen

Vermag so leicht kein junger Wandersmann.

Sie setzt sich zu ihm, drückt ihm seine Hände

Und klagt verstohlen ihm ihr Herzeleid;

Sie ward an einen alten Mann verkuppelt
Und weiß nichts von der schönsten Zärtlichkeit.

Das Übrige, davon will ich nichts sagen,
Dieweil ich selber dorten kehrte ein;
Die Liebe soll man nicht mit Spott belohnen,
Drum soll mein Lied hier auch zu Ende sein.

Über tredition

Eigenes Buch veröffentlichen

tredition wurde 2006 in Hamburg gegründet und hat seither mehrere tausend Buchtitel veröffentlicht. Autoren veröffentlichen in wenigen leichten Schritten gedruckte Bücher, e-Books und audio-Books. tredition hat das Ziel, die beste und fairste Veröffentlichungsmöglichkeit für Autoren zu bieten.

tredition wurde mit der Erkenntnis gegründet, dass nur etwa jedes 200. bei Verlagen eingereichte Manuskript veröffentlicht wird. Dabei hat jedes Buch seinen Markt, also seine Leser. tredition sorgt dafür, dass für jedes Buch die Leserschaft auch erreicht wird.

Im einzigartigen Literatur-Netzwerk von tredition bieten zahlreiche Literatur-Partner (das sind Lektoren, Übersetzer, Hörbuchsprecher und Illustratoren) ihre Dienstleistung an, um Manuskripte zu verbessern oder die Vielfalt zu erhöhen. Autoren vereinbaren direkt mit den Literatur-Partnern die Konditionen ihrer Zusammenarbeit und partizipieren gemeinsam am Erfolg des Buches.

Das gesamte Verlagsprogramm von tredition ist bei allen stationären Buchhandlungen und Online-Buchhändlern wie z. B. Amazon erhältlich. e-Books stehen bei den führenden Online-Portalen (z. B. iBookstore von Apple oder Kindle von Amazon) zum Verkauf.

Einfach leicht ein Buch veröffentlichen: **www.tredition.de**

Eigene Buchreihe oder eigenen Verlag gründen

Seit 2009 bietet tredition sein Verlagskonzept auch als sogenanntes "White-Label" an. Das bedeutet, dass andere Unternehmen, Institutionen und Personen risikofrei und unkompliziert selbst zum Herausgeber von Büchern und Buchreihen unter eigener Marke werden können. tredition übernimmt dabei das komplette Herstellungs- und Distributionsrisiko.

Zahlreiche Zeitschriften-, Zeitungs- und Buchverlage, Universitäten, Forschungseinrichtungen u.v.m. nutzen diese Dienstleistung von tredition, um unter eigener Marke ohne Risiko Bücher zu verlegen.

Alle Informationen im Internet: **www.tredition.de/fuer-verlage**

tredition wurde mit mehreren Innovationspreisen ausgezeichnet, u. a. mit dem Webfuture Award und dem Innovationspreis der Buch Digitale.

tredition ist Mitglied im Börsenverein des Deutschen Buchhandels.

Dieses Werk elektronisch lesen

Dieses Werk ist Teil der Gutenberg-DE Edition DVD. Diese enthält das komplette Archiv des Projekt Gutenberg-DE. Die DVD ist im Internet erhältlich auf **http://gutenbergshop.abc.de**